किरदार स्याही के

संध्या रानी पाराशर

क्रम-सूची

क्रम-सूची

1. अदालत जाएगी ओस

रंग - बिरंगे पत्तो को रुसबा कर देते हो ,
सावन की अदा को मेहमान कह देते हो |
कुछ पल ठहरेगी नमी , तुम धूप कह देते हो ,
भीड़ समझ ना आया, खामोशी से हैरान कर देते हो |
कर जंग तकदीर से , हाथ खड़े कर देते हो ,
द्वार पर हसीं मंजर , बेरान कर देते हो |
क्या सीखा और क्या खाक सिखाते हो ,
फ़रिश्ते मिलाऊँ बिना समझे हैवान कह देते हो |
शिकवा करे क्या ? पहले शिकायत कर देते हो ,
सखा -ए -रानी आज अदालत जाएगी ओस |

2. मदधिम सिखस्त दे रहा है

वालिहाना शाम गुजरी फिर रा त रो रहा है ,
जी भर सुनाये किस्से , फिर खामोश हो रहा |
मैं ठहरा ना था फिर साथ कह रहा है ,
थम आँचल तन्हाई का , फिर मुझसे गुजर रहा है |
होश से गुजरी सुबह फिर शाम नशा कर रहा है ,
यह गफलत कैसी , सिर्फ मेरे खत पद रहा है |
कायदे न सीखे फिर कानून बना रहा है ,
ये शख्स कैसे , फिर वकालात कर रहा है|
ठहर जा रानी यह मद्दिम शिख्स्त दे रहा है ,
ये तेरी गजले नहीं , फिर तुझे पढ़ रहा है |

3. व्यापारिओं का साम्राज्य बन गया

ये भी ज़माना बन गया ,
अपना समझ मैं गैर बन गया |
हर ही तो थी कौन सा सिकंदर हार गया ,
पर तुम पर तो मेरा मन गया |
क्या खूब डैम लगाओगे बाजार तो गया ,
मैं ठहरा मथुरा वो वृन्दावन गया |
ये कहानी का तो किरदार द्वार द्वार गया ,
बहा लहू जज्बातो का , शैतान सा सन गया |
खौफ का रानी तेरा मोहल्ला तो हर गया ,
अब तू व्यापारियों का साम्राज्य बन गया |

4. धूल बिखरती -उड़ती हलक जाएगी

चार दीवार में महक कैसे आएगी ,
ठोकरों से सुगंध सी बहक जाएगी |
ना ठहर ये गुरूर लेकर ,
ये तक़दीर और जान भी दाहक जाएगी |
हर वक्त कुछ नेक ही करूं ,
दुआ छोड़ सब विरासत पृथक जाएगी |
तुम क्या ठहरोगे सब बंजर है ,
धूल बिखरती उड़ती हलक जाएगी |
इतनी तारीफ बहुत है रानी ,
वहाँ तो रूह भी और कनक जाएगी |

5. अब तो ईंटो की भीति में सरिया रहूँ

ऐसा ना हुआ तालाब की दरिया कहूँ ,
ऐसे करू आदाब की जरिया रहूँ |
नासमझ सा मेरा अनसुना किरदार ,
अब तो ईंटो की भीति में सरिया रहूँ |
वादियों पर महक है मेरे हालत में असरदार ,
बांध ओढ़नी ले चादर रख तकिया रहूँ |
वो महल रेत का नजर भर देखा ,
रूह और धड़कन से वही खग हरिया रहूँ |
देख तो बेरंग बस्ती की शहजादी रानी ,
ले बैराग जहाँ से इस रेगिस्तान बढ़िया रहूँ |

6. शायरी से उस आशिक़ ने निकाह कर लिया

इल्जाम है की किसी को फराह कर दिया ,
अंजाम है कि हमें तनहा कर दिया |
यूँ ठहरे वो नबाब महफ़िल में वो गरीब की,
झुक गई नजरे समां की ,बिन पनाह कर दिया।
वो समझे बूँद भी सिसक रही है ,
मगर बेसुमार बारिश ने आगाह कर दिया।
कलम पकड़ पन्ना छोड़ हर शायर चलता बना ,
शायरी से उस आशिक़ ने निकाह कर लिया।
किस्से बने तू रानी खामोश मंजर में ,
उसने तेरे लफ्जों से वकालत में गवाह कर लिया।

7. सवाल उठता बैठता कानो पर आया

सवाल उठता बैठता कानो पर आया ,
मसला अब अहसानो पर आया।
क्या सोचूं क्या राबिता तक़दीर से ,
खतरा तो अब मकानों पर आया।
क्या सोचेगी जमी रूठकर हवा से ,
अबकी बार बबंडर आसमानों पर आया।
क्या हैरत मची हु है कीमतों में ,
पैर जानाब का मेहरबानों पर आया।
फिर तुझे भी करनी होगी फ़िक्र सुन रानी ,
काफिले का शोर शमशानों पर आया।

8. इकलौता सखा मिला

नजदीक बैठ अँधेरे दूर से दिखता नहीं ,
ख़ुशी तो छोड़ गम भी टिकता नहीं।
रत भर खटकाना दरवाजा उजाले का ,
यकीन कर मुसाफिर हमारी मर्जी से यह खुलता नहीं।
उम्र का तुझे लिहाज नहीं कुछ पुराना लगता है ,
पेश आने के तरीके से अदब मिलता नहीं।
थोड़ा बेईमानी क्र ले रोशनी से हाथ मिला ,
अमावस्या रहने दे खिली चांदनी में भी कोई टहलता नहीं।
किसे सीख दे रहीं हूँ में विचलित रानी ,
अजीब इकलौता सखा मिला वैसे कभी मिलता नहीं।

9. दाम लगाए काली स्याही के , हरी हो जाये हर बार

उलझी पहेलिओं को पढ़के एक बार ,
लिखती है सुलझी कहानी हर बार।
कलम सयानी हो गई जनाब ,
उकेरने नहीं देती बात खानदानी हर बार।
सांगत का है असर ,ये बात गवाह है ,
दाम लगाए काली स्याही के हरी हो जाये हर बार।
सावन गया मेरी मासूम मासूका ,
समझने में देरी कर देती हो हर बार।
इस दौर पेश ना करेंगे तुमको रानी ,
मौसम से सीख के रे बदल देती हो हर बार।

10. ना शोर तो तुम्हारी ही हार है

पार किनारे मेरा सिक्का इन्तजार में है ,
की उसकी मालिक उस पार है।
एक लिखा या दो लिखा धातु हो तुम ,
मेरे लिए तुम्हारा यही सार है।
ना मोह तुम्हारे साथ का ना चाह तुम्हारी ,
एक कोने में पड़ा बस एक आधार है।
खनक जाओ तो मैं नबाब ,
ना शोर तो तुम्हारी ही हार है।
दीवानी शमशीर और खंजर की रानी ,
पहली महबूबा आखिरी आरज़ू धार है।

11. ढक दो जमीन फूँक दो आसमान

कयामत मांग लूँ इबादत की बात है तो ,
मौत ढूँढ लूँ ,आदत की जात है तो।
क्या पतंगो में रंग भरोगे ,
लगा तो जंजीरे अगर पिंजरों का साथ है तो।
कतरा कतरा तो वाकिफ है ,
याददाश्त मिटा दूँ ,अगर हूबहू याद है तो।
ढक दो जमीन फूँक दो आसमान ,
अगर भयंकर हालात है तो।
बना दो मंजिले ,इमारतों की नीव ,
अगर नाम -ए -रानी बरसात है तो।

12. हारे हमसे हैं, वैसे तो हम आवाम है

आज क्यों ठहरेगी उसे अहम् काम हैं ,
सलीखे हमने सीख लिए वैसे तो हम आम हैं।
सम्राट बना दिया एक फतह है ,
हारे हमसे हैं वैसे तो हम आवाम हैं।
तख़्त और ताज का सिलसिला तो चलता रहा है ,
जश्न मनो कौन जाने हमारा नाम क्या है।
सूरते देखीं हैं पहचानता कोई नहीं हैं ,
शिखस्त या फतह सामने हमारे तो जाम हैं।
क्यूँ शौक लिखे रानी तू लब्ज़ो में ,
व्ही खूबसूरत सुबह हमारे पास व्ही शाम है।

13. खली तकदीर खुक्ख क़िस्मत

साथ जायेंगे मंदिर और कब्र वादा किया था ,
फिर उम्र को क्यूँ आधा किया था।
रथ भी सजा था ओढ़नी घोड़ों ने ओढ़ी थी ,
फिर किसी ने श्रृंगार ज्यादा किया था।
खली तकदीर खुक्ख क़िस्मत ,
बेवजह रस्सी की जगह सामने धागा किया था।
सौ बार सुनाएगी ये दास्ताँ रानी ,
घर से मौत के उसने मुनाफा किया था।

14. तुम आशियाना लाओगे क्या

तोहफा नहीं हैं फिर भी बुलाओगे क्या ,
नाम मेरा बेरहम है रहमत लाओगे क्या।
यूँ रुसबा है एक मंजर रुतबा लाओगे क्या ,
पत्तो से ना पूछो तुम उड़ पाओगे क्या।
शिकवा भी होगा तुम गिला कर पाओगे क्या ,
ठहर तो में जाऊँ तुम आशियाना लाओगे क्या।
सोच लो लाख बार ,
एक बार हार जाओगे क्या।
किस दौर जीत मिलेगी ,
वक्त को तब तक मनाओगे क्या।
आठ आने भी ना है 'रानी' पर ,
ख्वाब जलाओगे क्या।
दहलीज तो पार कर लिए ,
अब दरिया में बह जाओगे क्या।

15. झूठ मुझे सुनाने कहाँ थे

अल्फाज तो थे पर बहाने कहाँ थे ,
तब आँखे थी तब नजारे कहाँ थे।
रूक जाती एक शहर में घर बसाने कहाँ थे ,
तसल्ली भी हुई और हैरत भी अब तक ताने कहाँ थे।
धूप हुई सब उठ गए ,आशियाने सजाने कहाँ थे ,
बिन बोले ढल गए शाम सुबह मेहमान कहाँ थे।
ख्वाब कूद - कूद कर कह रहे , हम कमाने कहाँ थे ,
क्या जबाब दे' रानी' झूठ मुझे सुनाने कहाँ थे।

16. लिहाज के इंतिहाँ न कर

मेरे हिस्से का मालिक सब अदा कर ,
या तो मेरी सांसो को एक बार फना कर।
दर्द - खुशी , जख्म मरहम किश्तों में ना कर ,
सोच समझ के सुकून से इन रिस्तो को रचा कर।
कोई बेवजह जन्नत कहे यह रिस्तो में ना कर ,
कतरा - कतरा हिसाब रख के , खोया है सब बना कर।
मैं अदब में हूँ ,लिहाज के बेइन्तिहाँ ना कर ,
तकदीरों और लकीरों को जंग कर फ़िदा ना कर।
ठहर गई बीच समंदर कश्ती कुछ हलचल ना कर ,
डूब गई एक मोहतर्मा अब रोके विदा ना कर।

17. यूँ गुरूर की ओढ़नी जा उड़ी

आरजू फतह की है हार का घर नहीं है ,
आज़ाद हूँ फिलहाल कोई कर नहीं हैं।
सुनाई देती है धुन बिना नगमे के ,
वो कहती है की उसमें पर नहीं हैं।
यूँ गुरूर की ओढ़नी जा उड़ी,
जाएं कहाँ ईमान के हर नहीं हैं।
मैं मोहताज हूँ महकती वादियों की ,
कहाँ ले जाऊँ तुझे सब में सीधा उर नहीं हैं।
सिलसिले कुछ इस तरह तब्दील हुए ,
घडी, कंगन तोहफा, रानी के झूठे कर ही नहीं हैं।

18. खबर मशहूर है कि मैं कलम से दूर हूँ

बेरहम वक्त आया जब मैं कला से दूर हूँ ,
वक्त था जब सुना की मैं नूर हूँ।
पहाड़ो की सख्त सर्दी और धूप ,
सुनाई क्या दे अब मीलों दूर हूँ।
अंधेरो से बुझते दीयों को जलाया ,
चर्चा है की मैं रौशनी से दूर हूँ।
न समझेगा यह दौर अनसुनी कहानी ,
हर पल सुनाता है की मैं किस्सों से दूर हूँ।
सच लिखता भी कौन सिवाय रानी के ,
खबर मशहूर है कि मैं कलम से दूर हूँ।

19. तकदीर ने बिन कहे अहसान किया

ना जहर दिया न मरने का एलान किया ,
उस ख्वाब ने आके बेहद हैरान किया।
ना रात रूकती है न सुबह सुनती है ,
शाम सुनहरी थी उसे भी बैरन किया।
हथेली पर लकीरों का मेला लग गया ,
जब तकदीर ने बिन कहे अहसान किया।
पकड़ सके हवा को शायद ऐसी दीवार थी ,
तूफ़ान की खबर ने ईंटो के हौसले को बैजान किआ।
ऐतबार आसमां को बेहिसाब था रानी पर ,
एक सीधे मंजर ने ईमान को बेईमान किया।

20. धुंधला समां

शाम की छाँव रोता मिला था ,
वो शख्स मुसाफिरों को तनहा मिला था।
दूर रहने की हर हद मिटाई थी ,
वो शख्स बस्तियों में बेजार बेपनाह मिला था।
कह देता हूँ सच सुन लो सब ,
वो हर दौर मेरी शख्सियत से आगाह मिला था।
ना तोहीं कर ए जमीन मशहूर ,
वो कारावास में भी बेगुनाह मिला था।
कई रंगो से मिलकर बानी सौगात रानी ,
वो फिजूल में धुंधला समां मिला था।

21. जा तो रही हूँ

कई सदियों से खामोश बैठी है ,
वो दूरदराज ओस सी रूठी है।
नहीं जानती होगी विस्तार कहाँ से ,
शुरू हो गया अंत भी वहाँ से।
थी खेलों की इकलौती माया है ,
कैसे जीतोगे यहां लहर का रंग छाया है।
बहुत कह देगी पर इजाजत नहीं हैं ,
रहनुमा है खुद की कोई बगावत नहीं हैं।
कई राज बैगाने हो गए हैं ,
ऐसे ही यूँ जहर फ़साने हो गए हैं।
कुछ छूट गया, कुछ छोड़ दिया ,
कई राहों ने मुँह मोड़ लिया।
मैं , मैं नहीं रहा खामोसी में रोता हूँ ,
कैसे कहूँ खुद को मार के कैसे सोता हूँ।
क्या सुनता होगा क्या कहता होगा ,
यह बारिश का दरिया, तनहा कैसे बहता होगा।
हम नहीं आएंगे लौटकर ,
जा तो रही है तू छोड़ कर।

22. चाँद सी चौखट पर

जिद छोड़ दे हर्जाना भरना पड़ेगा ,
ये वक्त आधा मिटाना पड़ेगा।
ये धुँआ उठ गया सब ओझल है ,
क्या कहती है , सब एक ही नस्ल है।
थोड़ा दर्द चांदनी पी के जिन्दा ,
तू क्या जाने किसके गले फंदा है।
ना शोर देखा है ना आवाजें सुनी हैं ,
मोड़ के रस्ते बस मंजिलें चुनी हैं।
मैं रेत सा बिखर जाता हूँ ,
खुदा के जिक्र से निखर जाता हूँ।
मैं जीता तो नहीं मगर जीता हूँ ,
क्या जहर देगी रोज काल विष पीता हूँ।
कुछ नहीं सुनूंगा ना कहूँगा,
मर भी गया तो जिन्दा कहर रहूंगा।
गुरूर से नहीं जंगो की आवाज दास्ताँ हैं ,
ये चाँद सी चौखट पर एक मायूस नाचता है।

23. अहमियत क्या चाहिए।

आईने पर लिख देते और क्या चाहिए ,
तबाही बताओ या बेगुनाही , कहो क्या चाहिए।
बस तजुर्बे देना मुझे और क्या चाहिए ,
अहसान का जिक्र तो हुआ रकम ,तुम्हे की चाहिए।
हकीकत से वाकिफ है झूठ और की चाहिए ,
इतना बता रिश्तों के तार नया क्या चाहिए।
फ़क़ीर कभी मुसाफिर कहे और क्या चाहिए ,
तबादले का खौफ है , अब क़िस्त क्या चाहिए।
खुश है बस गम के साथ ,और क्या चाहिए ,
बात रानी की अहम है अहमियत क्या चाहिए।

24. जाए दशक हो गए

वो लकीरों की ओढ़नी परछाई है ,
वो तनहा नहीं उसकी आरज़ू तन्हाई है।
सार की क्या बात कहूँ ,
अब बिन अर्थों के कैसे रहूँ।
एक सवाल वक्त लेके हल करते हैं ,
नहीं तो चर्चा अब कल करते हैं।
मर जा मेरे महबूब एक आँसू ना गिरेगा ,
तू कहता था मेरे साथ जनाजा चढ़ेगा।
ऐ मेरे इकलौते आशिक़ तू जी कैसे रहा है ,
मुझे जाये तो दशक हो गए तू किसे देख रहा है।

25. ओझल नहीं रखते हैं

ऐतवारों की जंजीर अब रोज तोड़ते हैं ,
यूँ खुद से भी , नज़रे मोड़ते हैं।
कई अहसास जब एक साथ मरते हैं ,
यूँ हम जज्बाती होने की , अदा छोड़ते हैं।
यूँ ना कहो धूप पर नजर रखते हैं ,
यूँ ना हम अँधेरे में, रौशनी ओढ़ते हैं।
ऐसे फनकार हर्फ नाटक रचते हैं ,
यूँ ना इकलौते हम, छाँव में दौड़ते हैं।
हर नजरिये में ओझल नहीं रहते हैं ,
यूँ ना हम हर पल, किरदार तोड़ते हैं।

26. क्या ही सह लिया

एक कोने में भी वजूद नहीं है ,
तू देख तो कोई फिजूल नहीं हैं।
हर तरफ आसमान सुन रहा है ,
तू चीख दिल से , वो सुन रहा है।
रब की इकलौती ऐसी बनावट है तू ,
लब्ज़ों में न कही जाये , वो आहट है तू।
एक शहर की एक तलब रहती है ,
मौसम नहीं बारिश , गजब रहती है।
मैं मुस्कुराता हूँ यह क्या कह दिया ,
एक दफा झांक, तूने क्या ही सह लिया।

27. मोम उजड़े घर में

घाट पर शरीर को मत निहारना ,
आबसार में जज्बात, मत बहाना।
लाजिमी है गुरुर नगीनों के सिर ,
वादों में जिद्दी , मत बताना।
उठ के गिरे फिर लहार पैर मांगे
चाहत की सौंगध , मत जताना।
कई आसमाँ होंगे इस - उस पार,
यादों की आड़ में, मत सताना।
पत्थर रो जाये उसकी आँखों में देखे ,
मोम उजड़े घर में मत जलाना।
शोक हिज़ के गुमनाम सुराही के ,
बस उस महफ़िल में, मत सजाना।

28. कहते हैं सम्राट

मधुशाला में भीड़ बहुत कुछ कहती है ,
मैं क्या जानूँ ,भीड़ क्या कहती है।
कान दीवारों के छोटे पड़ गए इस बार ,
मैंने कहा सुनो मेरी, नींद क्या कहती है।
फक्र तौला है एक मुँह तराजू में ,
अब कहो धूप में , शीत क्या कहती है।
गजब करते हो बूंदो से पूछताछ ,
बिजली की तेज में , गीत क्या कहती है।
मौसम से खौफ बाजों को कहाँ ,
कहते हैं सम्राट , जीत क्या कहती है।

29. दर - बदर भटका किरदार

चल जाये ढल जाये ऐसा क्या करुँ ,

कसमें वादे , और ऐसा क्या करुँ।

दर - बदर भटका किरदार इकलौता मेरा ,

तू ही बता ,और ऐसा क्या करुँ।

क्यूँ बेरंग बगीचे की जान लेते हो ,

खिल जाये चमन , और ऐसा क्या करुँ।

फर्जी कहो या दर्जी सुन लो ,

मैं अपनी सफाई में, और ऐसा क्या करुँ।

मैं सितार - तबले छोड़ आया ,

बजे बेसुरी ताल, और ऐसा क्या करुँ।

रंज ना कर सीधी बात है 'रानी ',

पढ़ ले हर पन्ना , और ऐसा क्या करुँ।

30. नींदों को बुलाया है

व्ही कहूंगा जो मन कहता है ,

वरना मुझसे दुश्मनी करता है ,

खुद के होते भी गैरों से टकराता है ,

यह मन है मेरा जो तन्हाई से घबराता है।

वो रात भी देखी है ,वो हालत भी देखी है ,

जिनमें ख्वाबों ने रुलाया है , घर जा जा के नींदों को

बुलाया है।

दोनों ने ही इस्तीफ़ा दे दिया ,

मुझे और मुझे बेसहारा क्र दिया।

बिना छुए जो तमाचा देते हैं ,

बिना शोर जो तमाशा करते हैं,

ये लोग भी जो गजब कहानी सुनाते हैं ,

अनजाने मुशाफ़िरों की चरित्र विशेषता बताते हैं।

साथ किसे चाहिए , उम्मीद शायद की थी ,

तू किसे चाहिए , नींद गहरी की थी।

उम्मीद को साथ समझना ,

नींद के ख्वाब को हकीकत समझना ,

तकलीफ देता है , कोई हद तक जान खींच लेता है।

31. फिर उड़ जाएगा

हारिल घायल है फिर उड़ जायेगा ,
इस बार तो घाटी पार जाएगा।
अंतिम उड़ान बाकी है , वो फिर पंख फैलाएगा ,
हद पार जोश से भर जाएगा।
क्या कद से अपने नभ को नाप पायेगा ,
अंतिम सांस क्या उड़ान में ले आएगा।
हारिल घायल है फिर उड़ जाएगा।
मूर्छित हो चेतना भर लाएगा ,
इस शाम वो जीवन खींच लाएगा।
हारिल घायल है मुसाफिर ,,,,,,,,,, फिर उड़ जाएगा।

32. फ़तेह नाम हो

कभी तूफ़ान करिश्मों का आये तो हँसते रहना ,
रूतबा लाजमी है जहाँ का तू खुद सम्भले रहना।
अक्सर मोती बिन माला अजिग्र च्छे नहीं लगते ,
कुछ सच कभी अच्छे नहीं लगते।
तू शमशीर सी बेहिसाब सुनती रहना ,
डर जाए फिर भी जिस्म न छोड़ना।
चीखता रहे जरा - जरा चाहे बिखर जाये कतरा ,
तू जानती है चाँद है , तो भी कहाँ कोई निखरा।
उनका जिग्र हमेशा लब पर रखना ,
तू उड़े भी तो आसमाँ नापे रखना।
ऐसे कैसे छोड़ देगी ये मज़हब रूह का ,
अभी तो इतिहां बाकी है हर लब्ज का।
सांसो को लेके मुठ्ठी में खामोश रहना ,
जब पटले बाजी तो गिरवी रखती रहना।
खौफ की कैसी बात ,
जैसी सुबह वैसी रात।
मत कहना कि सीखा तूने थकान ,
आखिरी साँस तक फतह तक जंग में रहना।
गवाँ देना आँखे अगर कभी शिखस्त हो ,
सिर्फ तू ही सिर्फ तू ही फतह नाम हो।